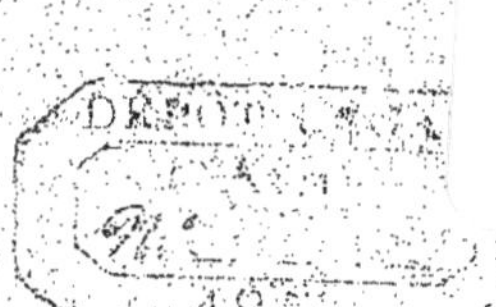

VILLE DE TRÉVOUX

RÈGLEMENT

DE

LA VOIRIE

Nous, Maire de la ville de Trévoux, officier de la Légion d'Honneur,

Vu les lois du 14 décembre 1879, des 16-24 août 1790, des 19-22 juillet 1791, du 15 septembre 1807, du 3 mai 1841, du 21 mai 1836 et du 8 juin 1864 ;

Vu les anciens règlements et ordonnances de voirie, maintenus par la loi du 22 juillet 1791, article 29 ;

Vu l'arrêté préfectoral du 28 octobre 1858 et celui du 26 août 1865, concernant la grande et la petite voirie ;

Vu la loi du 7 juin 1845 ;

Vu le rapport de la Commission, instituée le 10 juin 1874 ;

Vu la délibération du Conseil municipal, en date du 10 août 1874.

Considérant qu'il importe d'avoir pour la ville de Trévoux un règlement particulier ;

Considérant que celui de la grande voirie, appliqué dans toute la France, peut être adopté également pour la voirie urbaine et pour la voirie vicinale, sauf à être modifié et complété par des dispositions conformes aux usages locaux ;

ARRÊTONS :

CHAPITRE I.

FORME DES DEMANDES

Article premier.

Toute demande de permission de voirie, ayant pour objet d'établir des constructions le long des rues, de modifier les façades de celles qui existent ou de former une entreprise quelconque sur le sol des voies publiques et de leur dépendances, doit nous être adressée sur papier timbré.

Elle contiendra l'indication exacte des noms, prénoms et domicile du pétitionnaire.

Elle désignera, d'une manière précise, l'endroit où les travaux doivent être exécutés, leur nature, leurs dispositions et leurs dimensions.

CHAPITRE II.

DES CONSTRUCTIONS

Art. 2. — *Alignements.*

Nul ne pourra entreprendre une construction, sur la voie publique ou la joignant, qu'après en avoir demandé et obtenu l'alignement.

Art. 3. — *Obligation de se conformer aux prescriptions.*

Le constructeur devra se conformer à l'alignement et au nivellement qui lui seront fixés et se soumettre aux prescriptions qui lui seront faites dans l'intérêt de la sûreté publique, de la salubrité et de la circulation.

Art. 4. — *Récolement des alignements.*

1° Aussitôt que la première assise en retraite sur les fondations sera posée à demeure, le propriétaire ou son architecte devra demander qu'il soit procédé par le voyer au récolement de l'alignement ;

2° Le récolement devra être fait dans les trois jours de la demande. Il en sera dressé procès-verbal en double expédition ; une sera remise au propriétaire, l'autre sera consignée sur le registre spécial des constructions.

Art. 5. — *Ouverture de nouvelles rues sur les terrains particuliers.*

Tout propriétaire d'enclos, situé dans l'étendue de l'agglomération de la ville, qui voudra y créer un quartier, pratiquer ou ouvrir une rue, une place ou un passage, devra, avant l'exécution, soumettre à l'Administration municipale, les plans de distribution intérieure desdits clos, ainsi qu'il est prescrit dans la déclaration du Roi, du 10 avril 1783, maintenue par l'article 29 de la loi du 22 juillet 1791. Si, dans le délai de trois mois, à partir du dépôt des plans, constaté par un récépissé, l'Administration n'y met pas obstacle, le pétitionnaire pourra donner suite à ses projets en se conformant aux règlements.

CHAPITRE III

TRAVAUX CONFORTATIFS

Art. 6. — *Réparations permises aux bâtiments bien alignés.*

Toute réparation sera permise aux maisons qui se trouvent sur l'alignement, pourvu, toutefois, qu'elle soit conforme aux dispositions réglementaires.

Art. 6. — *Interdiction des travaux confortatifs au bâtiments mal alignés.*

Dans les bâtiments frappés de reculement, tous ouvrages confor-tatifs sont interdits, dans les parties en saillie sur l'alignement, aux fondations et au mur de face, dans la hauteur du rez-de-chaussée, jusques et y compris la hauteur du plancher sur tête de ce rez-de-chaussée.

Sont compris notamment dans cette interdiction :

1° Les reprises en sous-œuvre ;

2° La pose de tirants, d'ancres, d'équerres et tous ouvrages destinés à relier le mur de face avec les parties en arrière de l'alignement ;

3° Une armature pour relier les clavaux et voussoirs d'un arc ;

4° Un ou plusieurs potaux, placés sous un arc pour le soutenir et diminuer la poussée au vide ;

5° Le remplacement d'un arc par un poitrail en bois ou une plate bande en pierre ;

6° Des changements assez nombreux pour exiger la réfection d'une partie importante de la façade;

7° Le remplacement par une grille de la partie supérieure d'un mur de clôture en mauvais état ;

8° Tout travail quelconque de réparations et de modifications est permis dans les étages supérieurs au rez-de-chaussée, à la condition expresse qu'après la demande qui devra toujours être adressée à l'Administration, pour ces diverses espèces de travaux, les fondations et le mur du rez-de-chaussée auront été reconnus solides.

Art. 8. — *Les murs de refend soumis aux mêmes servitudes que les façades.*

Un mur mitoyen, mis à découvert par suite de reculement d'une construction voisine, est soumis aux mêmes règles qu'une façade en saillie.

Toute reprise en maçonnerie y est interdite, notamment à l'enchant.

Art. 9. — *Désignation des travaux qui peuvent être permis.*

Peuvent être autorisés les ouvrages suivants, lorsqu'il aura été reconnu qu'ils ne peuvent augmenter la solidité et la durée du bâtiment :

1° Les crépis ou rejointoiements des façades en mortier de chaux grasse ;

2° Le percement, dans les murs de façade, de nouvelles portes et fenêtres, dans la hauteur du rez-de-chaussé, à la condition que les linteaux des baies seront en bois de sapin, que leur épaisseur dans le plan vertical n'excèdera pas 0,16 centimètres, ni leur portée sur les points d'appui, 0ᵐ 20.

Le raccordement des anciennes maçonneries avec les linteaux et les reprises autour des baies ne seront faits qu'en petits matériaux et n'auront pas plus de 0ᵐ 25 de largeur, en moyenne.

Lorsque la solidité d'une maison soumise à reculement aura été constatée et reconnue, le percement des baies, dans la partie des murs soumise à reculement, pourra être autorisé en admettant des linteaux en maçonnerie, mais seulement depuis le dessus du plancher qui sépare le rez-de-chaussée du premier étage, jusqu'aux combles inclusivement.

3° L'ouverture de portes charretières dans un mur de clôture, à la condition qu'elles ne pourront s'appuyer que sur les anciennes maçonneries ou sur des poteaux en bois de sapin.

Les reprises autour des baies seront assujetties aux conditions fixées par l'article précédent ;

4° La suppression des baies pourra être autorisée dans tous les cas ; mais quand la façade sera reconnue n'être pas en bon état, les baies à supprimer seront fermées par une simple cloison en petits matériaux de 0ᵐ 16 d'épaisseur au plus, dont le parement effleurera le nu intérieur du mur de face, le vide restant apparent à l'extérieur, et sans addition d'aucun montant ni support en fer ou en bois ;

5° La réparation des chaperons d'un mur de clôture et la pose des dalles de recouvrement seront permises lorsque le mur sera en bon état de solidité ;

6° La reconstruction, sous l'entière responsabilité du propriétaire, en cas d'accident ou de sinistre, d'un mur en pierres sèches, dans les rues désignées comme impasse ou chemin à talon seulement, mais leur élévation ne devra pas dépasser 5 mètres au niveau du sol.

Ce genre de construction demeurera toujours soumis à la vérification et à la reconnaissance de la Voirie.

CHAPITRE IV

BATIMENTS EN PÉRIL SUJETS A RECULEMENT

Art. 10. — *Interdiction de les réparer. — Cas de démolition.*

Toute réparation, quelle qu'elle soit, est formellement interdite aux bâtiments susdits menaçant ruine.

Tout bâtiment sujet à reculement et menaçant ruine sera démoli.

Sont réputés cas de démolition, notamment :

1° Le mauvais état d'une ou plusieurs jambes étrières, de trumeaux ou piédroits ;

2° Le surplomb de plus du tiers de l'épaisseur du mur de face ;

3° Un bouclement égal au surplomb ;

4° Le défaut de solidité des fondations, soit par vétusté, vice de construction ou toute autre cause.

5° Le mauvais état d'un mur de refend en saillie sur la voie publique, par vétusté, vice de construction ou toute autre cause.

Art. 11.

S'il s'agit d'un bâtiment non sujet à reculement et menaçant ruine, l'Autorité municipale prescrira telles mesures que de droit dans l'intérêt de la sécurité publique; et, en cas de contestation, il sera procédé à une expertise dans les conditions légales.

Art. 12.

1° Du moment qu'un bâtiment sera dans l'un des cas ci-dessus, il sera dressé par le Voyer un rapport circonstancié des dégradation existantes. Ce rapport sera, d'après nos ordres, dénoncé au propriétaire avec injonction d'abattre sa maison dans un délai déterminé;

2° Si le propriétaire conteste le péril, il sera tenu de nous faire connaître, dans les quarante-huit heures, l'expert dont il aura fait choix pour procéder contradictoirement avec celui que nous aurons désigné, à une reconnaissance exacte de la maison, à l'effet de savoir si elle est dans l'un des cas prévus ci-dessus ;

3° En cas de discordance et à la réquisition de la partie la plus diligente, le Président du Tribunal, sur simple requête, désignera un tiers-expert, ensuite de quoi il sera statué définitivement.

Art. 13. — *Etais.*

1° Les étais, étançons, prenant pied sur la voie publique ou traversant la rue de maison à maison, ne pourront être placés sans notre autorisation;

2° La permission fixera le temps pendant lequel ils pourront être maintenus.

Les étais, étançons, étrésillons ne seront pas tolérés au-delà d'un an, à moins de circonstances exceptionnelles que l'Administration se réserve d'apprécier. Dans ce dernier cas, une nouvelle autorisation sera nécessaire.

Art. 14. — *Mur de clôture menaçant ruine.*

Toutes les dispositions ci-dessus sont applicables aux murs de clôture le long de la voie publique.

CHAPITRE V

MURS DE PISÉ EN TERRE

Art. 15. — *Interdiction de bâtir en maçonnerie au-dessus du pisé.*

1° Dans aucune construction, l'on ne pourra établir de la maçonnerie sur pisé, à l'exception de celle nécessaire pour l'arasement des murs ;

2° Le pisé de mâchefer et de chaux hydraulique sera considéré comme maçonnerie ;

3° Les faces apparentes des murs séparatifs surmontant un mur mitoyen pourront n'être que rejointoyées soigneusement au mortier hydrolique au lieu de recevoir un enduit plein.

Art. 16. — *Dans quelles conditions le pisé y est autorisé.*

1° Les murs de clôture riverains de la voie publique devront être construits en maçonnerie de moëllons jusqu'à la hauteur de un mètre au moins au-dessus du sol de la rue. Le surplus pourra être en pisé et ne pourra avoir plus de trois mètres de hauteur ;

2° Lorsque lesdits murs seront utilisés pour des maisons, hangars, écuries et autres constructions, ayant plus de cinq mètres, le pisé sera démoli et remplacé par une maçonnerie dans la portion de ces murs correspondant auxdits bâtiments.

Art. 17. — *Constructions dans les quartiers sujets aux inondations.*

Dans les quartiers sujets aux inondations, tous les murs des bâtiments devront, indépendamment des prescriptions ci-dessus, être construits en maçonnerie de moëllons jusqu'à un mètre au moins au-dessus du niveau du débordement de la Saône, en 1840 et 1856.

CHAPITRE VI

CONSTRUCTIONS EN BOIS ET BRIQUES

Art. 18. — *Prohibées sur la voie publique.*

Les constructions en bois ou en planches, briques et plotets, posés de champ, pour l'habitation, atelier, hangar, écurie, remise, sont expressément interdites sur la voie publique.

Art. 19.

Pourront être tolérés, les petits bâtiments d'un rez-de-chaussée et d'un premier étage, d'une hauteur totale de huit mètres, pignon non-compris, construits avec des plotets posés à plat, ou des carreaux de ciment comprimé, à la condition d'être renforcés aux angles, et de distance en distance, par des pilliers en pierres de taille ou en briques mesurant au moins 0^m 40 d'épaisseur sur chaque face et espacés de 7 mètres en 7 mètres au plus.

Art. 20.

1° Un rez-de-chaussée, construit en bonne maçonnerie de moëllons, pourra être surmonté de deux étages en plotets, établis dans les mêmes conditions que ci-dessus ;

2° Tout exhaussement sur deux étages en plotets est formellement interdit.

Art. 21.

Les constructions en encorbellement sont expressément prohibées.

CHAPITRE VII

ENTRETIEN DES FAÇADES.—GAINES DE CHEMINÉES
FOSSES D'AISANCES
ÉCOULEMENT DES EAUX PLUVIALES & MÉNAGÈRES

Art. 22. — *Entretien des façades.*

Les façades des maisons seront tenues constamment en bon état de propreté. Elles seront, suivant leur nature, nettoyées, repeintes ou badigeonnées au moins une fois tous les dix ans, sur l'injonction qui sera faite au propriétaire par l'autorité municipale, lorsqu'elle jugera que l'utilité en sera reconnue nécessaire.

Art. 23. — *Gaînes de cheminées.*

Les gaînes de cheminées d'une maison basse joignant une maison plus élevée, quand elles seront contiguës au mur mitoyen, devront être élevées jusqu'à 0^{m}50 au moins, au-dessus du toit de la maison la plus élevée.

Art. 24.

Toutes les fois qu'il aura été constaté qu'une cheminée est dans des conditions qui exposent à un incendie, le propriétaire sera tenu, sur l'injonction qui lui sera faite par l'Administration, de faire exécuter les réparations jugées nécessaires pour faire cesser le danger.

Art. 25. — *Interdiction des gaînes en saillie sur la voie publique.*

1° Les gaînes ou tuyaux de cheminées, en saillie sur la voie publique, sont expressément interdits ;

2° Ceux actuellement existant seront démolis et supprimés lorsqu'ils seront en mauvais état ou lorsqu'on fera de grosses réparations dans les bâtiments auxquels ils seront adossés.

Art. 26. — *Interdiction des tuyaux de poêle débouchant sur la voie publique.*

Aucun tuyau de poêle ne pourra déboucher sur la voie publique.

Art. 27. — *Fosses d'aisances.*

Le fond des fosses d'aisances sera bétonné sur une épaisseur de 0^{m}20 au moins et disposé en cuvette ou puisard dont le fond sera au-dessus du bouchon. Les parois seront cimentés. Les joints du bouchon seront garnis hermétiquement.

Art. 28.

Toutes les fosses d'aisance devront être ventilées au moyen d'un tuyau soumis aux mêmes règles que les gaînes de cheminées.

Art. 29. — *Ecoulement des eaux pluviales, ménagères et industrielles.*

Nul ne peut, sans autorisation, rejeter sur la voie publique les eaux ménagères et insalubres provenant de sa propriété ou de son industrie.

Art. 30. — *Ecoulement des eaux pluviales et ménagères dans les canaux.*

1° Toute construction nouvelle dans une rue pourvue d'égoût devra être disposée de manière à y conduire les eaux pluviales, ménagères et industrielles ;

2° Les maisons nouvelles devront toutes être pourvues d'éviers pour la conduite des eaux ménagères ;

3° Les mêmes dispositions seront prises pour toute maison ancienne, sur la sommation qui en sera faite au propriétaire par l'Administration ;

4° Les travaux seront exécutés conformément à ce qui sera prescrit par l'Administration et sous contrôle, sans préjudice du paiement par le permissionnaire, à la recette municipale, de la redevance qui pourrait être exigible pour les branchements à établir des maisons aux acqueducs municipaux.

CHAPITRE VIII

PRÉCAUTIONS A PRENDRE DANS L'INTÉRÊT DE LA SÛRETÉ PUBLIQUE PENDANT LES TRAVAUX DE CONSTRUCTION ET DE DÉMOLITION. — ENTREPOT DE MATÉRIAUX

Art. 31. — *Précautions à prendre.*

1° Il est interdit de procéder à aucune construction ou grosse réparation des murs de face des bâtiments riverains de la voie publique, avant d'avoir établi, à la saillie déterminée par la permission, une barrière en planches qui aura au moins 2 mètres de hauteur ;

2° Les portes pratiquées dans les barrières, devront, autant que possible, ouvrir en dedans ; si on est obligé à les ouvrir en dehors, on sera tenu de les appliquer contre les barrières. Elles seront munies de serrures ou cadenas ;

3° Les barrières seront éclairées par un nombre suffisant de lanternes, dont une à chaque angle des extrémités, afin d'éclairer les parties en retour. L'éclairage commencera aux mêmes heures que celui de la ville.

Art. 32. — *Echafauds.*

Les échafauds volants seront suspendus avec des cordes solides. Ils seront garnis dans toute leur longueur de planches formant garde-fou sur un mètre de hauteur, afin de prévenir les accidents.

Art. 33.

Il est défendu aux maçons, couvreurs, fumistes et autres, de jeter sur la voie publique les recoupes, plâtres, tuiles et autres résidus des travaux.

Art. 34. — *Avertissement aux passants.*

Les entrepreneurs, maçons, couvreurs, fumistes, badigeonneurs, plombiers, menuisiers et autres exécutants ou faisant exécuter aux bâtiments riverains de la voie publique des ouvrages pouvant faire craindre des accidents, ou susceptibles d'incommoder les passants, seront tenus, s'il n'y a point de barrière au-devant desdits bâtiments, de placer des planches au travers du trottoir, aux deux extrémités de la façade, et de faire stationner dans la rue, pendant l'exécution des travaux, un ou deux ouvriers munis d'une règle de deux mètres de longueur, pour avertir et éloigner les passants.

Art. 35. — *Réparations des dégradations causées sur la voie publique.*

Dans les 24 heures qui suivront la suppression des barrières, étais, etc., les propriétaires ou les entrepreneurs feront réparer à leurs frais, les dégradations faites à la voie publique et résultant des travaux qu'ils auront exécutés.

Ils pourront requérir les entrepreneurs de la ville pour procéder auxdites réparations.

Art. 36. — *Démolitions, enlèvement des plaques, des repères, des lanternes.*

Il est défendu de procéder à la démolition d'aucun bâtiment sur la voie publique avant d'en avoir obtenu l'autorisation et qu'il n'ait été procédé à l'enlèvement, par l'administration, des plaques indicatives des noms de rues, des repères et des lanternes publiques.

Art. 37. — *Barrières au-devant des démolitions.*

Avant de commencer une démolition, le propriétaire ou l'entrepreneur feront établir les barrières qui seront jugées nécessaires, et prendront toutes les mesures que l'Administration leur prescrira dans l'intérêt de la salubrité publique.

Il sera pourvu à l'éclairage des barrières, ainsi qu'il a été dit à l'article 31, § 3.

Art. 38.

La démolition devra avoir lieu au marteau, sans abattage, en faisant tomber autant que possible les matériaux dans l'intérieur des bâtiments.

Art. 39.

Les matériaux de toute espèce provenant de la démolition ne seront déposés sur les voies publiques qu'au fur et à mesure de leur enlèvement, et ne devront, sous aucun prétexte, y rester en dépôt pendant la nuit.

Art. 40. — *Caves sous la voie publique.*

Dans le cas où la maison démolie doit céder du terrain à la voie publique, les voûtes des caves sous le sol qui doit être réuni à la rue seront entièrement démolies et les vides remplis avec les décombres de la démolition.

Art. 41. — *Transport des décombres.*

1° Lorsque les décombres, terres, gravois, seront transportés aux décharges publiques, ils ne pourront l'être que sur le point qui aura été désigné dans la permission ;

2° Dans l'intérêt de la sûreté, de la commodité et de la propreté de la voie publique, les entrepreneurs et leurs voituriers seront tenus de faire suivre aux tombereaux chargés de décombres, l'itinéraire qui leur sera fixé par la permission.

Art. 42. — *Entrepôt de matériaux.*

1° Il est expressément défendu de former aucun entrepôt de matériaux sur la voie publique avant d'avoir obtenu une autorisation spéciale, qui ne sera accordée que dans le cas d'absolue nécessité;

2° La permission fixera le lieu, l'étendue et la durée de l'entrepôt;

3° L'administration se réserve le droit de faire supprimer ou réduire l'entrepôt, lorsque le besoin de la circulation ou l'exécution des travaux publics l'exigeront, sans que le permissionnaire puisse réclamer aucune indemnité.

Art. 43. — *Enlèvement des débris autour des chantiers ou entrepôts.*

Il est expressément enjoint aux entrepreneurs de démolitions et de constructions de faire enlever, chaque jour, dans la journée, les gravois et autres résidus répandus sur la voie publique, autour de leurs chantiers et entrepôts.

CHAPITRE IX

SAILLIES

Art. 44. — *Dispositions générales.*

Aucune saillie sur la face des bâtiments riverains de la voie publique ne peut être établie, réparée sans une autorisation spéciale.

Art. 45. — *Réserve du droit des tiers.*

Les permissions seront délivrées sur la demande des parties intéressées, après que les droits de voirie auront été acquittés et sans réserve du droit des tiers.

Art. 46.

Toute saillie sera mesurée à partir du nu du mur de face, au-dessus du mur de la retraite de soubassement.

Art. 47. — *Dispositions relatives à chaque espèce de saillie.*

La nature et la dimension maximum des saillies permises sont fixées ci-après :

Soubassements, $0^m 05$;

Colonnes en pierre, pilastres d'angle ou d'avant-corps, ferrures de portes et fenêtres, $0^m 10$.

Quand on fera des devantures de magasins, les pilastres ci-dessus pourront avoir la même saillie que ces devantures, si l'Administration le juge utile à la salubrité, mais seulement dans la hauteur du rez-de-chaussée et après une autorisation spéciale de l'Administration.

Les pilastres ou colonnes d'une porte d'entrée principale pourront avoir une saillie de $0^m 20$, soubassement compris.

Art. 48. — *Corniches d'entablement et forgets de toits.*

1° Les corniches ne pourront être qu'en bois, pierres de taille ou matériaux d'une solidité équivalente ;

2° Leur saillie, ainsi que celle du forget des toits, sera limitée à $0^m 45$, chéneau compris.

Art. 49. — *Balcons et demi-balcons.*

1° Les balcons ne pourront être placés que dans les rues d'au moins 8 mètres de largeur.

Ils seront au moins à 4 mètres au-dessus du trottoir ;

2° Leur saillie est fixée ainsi qu'il suit :

Au premier étage	0^m	70
Au deuxième étage	0	60
Au troisième étage	0	50
Au quatrième étage	0	40

Sur les quais, ainsi que sur les places et rues de plus de 8 mètres de largeur, les saillies ci-dessus pourront être augmentées de $0^m 10$ pour les trois étages inférieurs ;

3° Il est expressément interdit de placer, sur les côtés des balcons et dans le milieu, des séparations pleines. Toutes celles actuellement existantes seront supprimées à la fin du bail, et dans tous les cas dans le délai de dix ans au plus à partir de la publication du présent règlement ;

4° Lorsque des séparations seront nécessaires pour diviser un balcon en plusieurs parties correspondant à divers appartements, ou pour éviter toute communication avec une fenêtre trop voisine, l'Administration pourra autoriser ces séparations, qui seront alors exclusivement formées d'un léger barraudage en fer ou en fonte ;

5° Au-dessous de la hauteur de 4 mètres, fixée ci-dessus, on pourra faire au premier étage, dans les rues de 10 mètres de largeur et au-dessus, des demi-balcons de 0^m 40 de saillie maximum sur le nu du mur.

Art. 50. — *Banquettes, appuis des croisées.*

Leur saillie ne dépassera pas 0^m 12.

Art. 51. — *Tuyaux de descente, jets de volée.*

1° Toute maison située sur la voie publique devra être munie, pour la conduite des eaux pluviales et ménagères, de tuyaux de descente depuis les toits jusqu'au sol, pour introduire ces eaux, s'il y a lieu, dans les canaux, comme il est dit en l'art. 30;
Leur saillie ne dépassera pas 0^m 15.

Néanmoins, dans les maisons neuves, au rez-de-chaussée et sur une hauteur de deux mètres au moins, à partir du niveau du trottoir, ces tuyaux devront être encastrées dans les murs, de manière à ne pas présenter une saillie supérieure à 0^m 05 ;

3° Les propriétaires des maisons où il existerait encore des jets de volée seront tenus de les faire enlever, dans le délai d'un mois, à partir de la publication du présent règlement, et de les remplacer par des tuyaux de descente.

Art. 52. — *Cuvettes d'évier.*

1° Les cuvettes d'évier, en saillie sur la voie publique, sont et demeurent formellement interdites ;

2° Celles actuellement existantes seront supprimées dans le délai d'une année, à partir de la publication du présent règlement; les eaux ménagères devront être introduites directement dans les tuyaux de descente.

Art. 53. — *Seuils.*

Il sera permis d'établir aux entrées des maisons, un seuil dont la saillie ne dépassera pas 0^m 20.

Si la disposition des lieux exige un plus grand nombre de marches, elles seront pratiquées dans l'intérieur du bâtiment.

Art. 54. — *Perrons.*

1° Les perrons en saillie sur la voie publique sont défendus ;

2° Les perrons existants seront supprimés, autant que faire se pourra, lorsqu'ils auront besoin de réparations;

3° Néanmoins, il pourra être fait exception à cette règle dans le cas où un perron serait rendu nécessaire par les changements apportés au niveau de la rue. Dans ce dernier cas, il en sera référé à l'Autorité municipale; le perron, s'il est autorisé, sera supprimé lorsque la reconstruction de la maison aura lieu.

Art. 55. — *Bornes, Chasse-roues.*

1° Il ne sera permis d'établir des bornes en pierre qu'aux angles saillants des maisons formant encoignure de deux rues sans trottoir.
La saillie des bornes ne dépassera pas 0^m 50 ;

2° Partout où un trottoir sera construit, le propriétaire sera tenu d'enlever les bornes qui se trouvent en saillie sur les façades, quand bien même elles feraient partie du mur.

Art. 56. — *Bancs en pierre.*

Il est interdit d'établir des bancs en pierre au-devant des maisons.

Art. 57. — *Conditions pour l'ouverture des portes et fenêtres.*

Dans les constructions nouvelles et en cas de réparation des ouvertures des anciennes maisons, aucune porte ne pourra s'ouvrir en dehors sur la voie publique.

Les persiennes et volets du rez-de-chaussée qui s'ouvriraient en dehors devront, ainsi que les volets et persiennes des étages supérieurs, s'appliquer contre le mur et être retenus par des crochets de fer.

Les jalousies seront placées dans l'intérieur du tableau des croisées et ne pourront dépasser la saillie de 0^m 05 sur le nu du mur.

Art. 58. — *Abat-jour dit auvents de magasin.*

Les abat-jour de magasin, en bois ou en métal, à l'extérieur des croisées, ne pourront être établis, au rez-de-chaussée, qu'autant que les coudières des croisées ou le bris des abat-jour seront élevés de 2 mètres au moins au-dessus du trottoir.

La plus grande saillie des abat-jour, à tous les étages, ne pourra dépasser 0^m 30, à partir du nu du mur.

Art. 59. — *Auvents appelés avant-toits.*

Les avant-toits au-dessus des ouvertures des magasins sont formellement interdits.

Art. 60. — *Marquises.*

1° Les marquises ne seront autorisées que dans les rues ayant au moins 7 mètres de largeur et au-dessus de l'entrée principale des magasins pour abriter les clients ;

2° Elles devront être élevées au-dessus du trottoir d'au moins 2^m 50 ;

3° La saillie ne pourra excéder 0^m 60 ;

4° La hauteur verticale de la marquise, 0^m 50 ;

5° Elles ne pourront dépasser la largeur de l'entrée du magasin que de 0^m 30 de chaque côté ;

6° Elles seront supportées par des consoles en fer cachées dans l'intérieur de la marquise ;

7° Elles ne pourront être exécutées qu'en bois ou en métal, et devront recevoir une décoration en rapport avec leur destination. Elles ne pourront être transformées en enseignes, transparentes ou attributs.

Art. 61. — *Devantures de magasin.*

Les devantures de magasin seront simplement appliquées sur la façade, sans être engagées sous le poitrail et sans addition d'aucune pièce formant support pour les parties supérieures de la maison, dans le cas où celle-ci serait sujette à reculement.

Elles n'auront, en aucun cas, plus de $0^m 20$ de saillie sur le nu du mur dans les rues de 8 mètres de largeur effective et au-dessus, et plus de $0^m 16$ dans les rues de moins de 8 mètres de largeur.

La saillie du soubassement ne pourra, sous aucun prétexte, dépasser $0^m 20$.

Les devantures pourront être posées sur un socle en pierre de taille, dont la saillie ne dépassera pas $0^m 24$, à partir du nu du mur, dans les rues de 8 mètres de largeur effective et au-dessus, $0^m 20$ dans celles de moins de 8 mètres de largeur.

La saillie des corniches ne dépassera pas $0^m 20$ à partir du nu de la devanture.

Les volets seront renfermés dans des caissons fermant à clé.

Art. 62. — *Montres vitrées.*

Les montres mobiles ou fixées à demeure, ne pourront être établies qu'au rez-de-chaussée. Sous aucun prétexte, la saillie ne pourra dépasser $0^m 16$, à partir du nu du mur.

Art. 63. — *Grilles de bouchers et de boulangers.*

1° Les grilles en fer au-devant des boutiques de tripiers, de bouchers, de boulangers, ne pourront avoir plus de $0^m 16$ de saillie ;

2° Les bouchers, tripiers, charcutiers, boulangers ne pourront étaler leurs marchandises que dans l'intérieur de leur magasin ou derrière les grilles établies comme ci-dessus.

Art. 64. — *Barreaux en fer aux fenêtres.*

Les barreaux en fer aux fenêtres de boutiques, comptoirs, etc., seront placés dans l'intérieur du tableau, sans saillie à l'extérieur, si les coudières des croisées ont moins de $2^m 30$ d'élévation au-dessus du trottoir.

Lorsque les coudières auront plus de $2^m 30$ d'élévation, les barreaux pourront être établis avec une saillie de $0^m 16$.

Art. 65. — *Vases de fleurs sur les fenêtres.*

Le placement des vases de fleurs sur les coudières des fenêtres n'aura lieu qu'aux conditions suivantes :

Il sera établi au-devant de la fenêtre une forte retenue en fer scellée dans le mur. Les barreaux seront espacés de $0^m 10$ au plus.

Les vases ne pourront dépasser la hauteur de la galerie.

La saillie ne dépassera pas $0^m 16$.

Le fond sera garni d'un plafond en tôle ou en zinc, avec rebords de $0^m 04$, supporté par des consoles en fer espacées de $0^m 50$ au plus.

Il est interdit de déverser à l'extérieur les eaux provenant de l'arrosage des vases.

Art. 66. — *Perches, étendages de teinturiers.*

Les perches et étendages sont formellement interdits sur la voie publique.

Art. 67. — *Constructions provisoires pour masquer les renfoncements.*

1° Il pourra être permis de masquer, par des constructions légères en forme de pan coupé, les angles de renfoncement entre deux maisons contiguës, dont l'une est en avancement et l'autre en reculement;

2° Il pourra être également permis de masquer le renfoncement entre deux maisons en saillie, pourvu qu'il n'ait pas plus de 8 mètres de longueur et 1 mètre de profondeur;

3° Ces constructions ne pourront, dans aucun cas, excéder la hauteur du rez-de-chaussée, et elles devront être supprimées dès qu'une des maisons attenantes sera mise à l'alignement.

Art. 68. — *Larmiers de cave.*

Les larmiers de cave seront établis dans le mur de face et devront être fermés par des barraudages espacés de 0^m 12 au plus lorsqu'ils auront plus de 0^m 15 de hauteur verticale.

Une tolérance de 0^m 05 est accordée pour la saillie horizontale que les larmiers pourront occuper sur le trottoir en avant du nu du mur, ou du soubassement ou du socle de la devanture, suivant les cas.

Art. 69. — *Jours horizontaux sur les trottoirs pour éclairer les sous-sols et les caves.*

Il pourra être permis aux propriétaires d'éclairer les sous-sols servant d'atelier, de cuisine ou de magasin, et les caves établies en-dessous des sous-sols, par des jours horizontaux sur le trottoir, aux conditions suivantes :

1° Leur longueur ne dépassera pas 1^m 50, et leur saillie apparente 0^m 30, mesurée à partir du nu du mur ou du nu du socle de la devanture.

Ils seront espacés entre eux d'au moins un mètre;

2° Ils seront formés d'un fort châssis en fer forgé, à fleur du trottoir, scellé aux quatre coins;

3° Le châssis sera entièrement garni de carreaux de verre, de la dimension de 0^m 15 au maximum et d'une épaisseur de 0^m 03 au minimum. Tout verre cassé sera immédiatement remplacé, sous peine de contravention.

Les jours sous trottoir pourront aussi être fermés par des barraudages espacés de 0^m 03 et entrecroisés;

4° Il est très-expressément interdit, dans l'intérêt de la sûreté publique, de faire ouvrir les susdits châssis sous forme de trapon, pour introduire, par les ouvertures, des marchandises, du charbon, des provisions quelconques, dans les sous-sols et les caves.

Cette autorisation ne sera donnée que pour aérer les sous-sol, et à la condition que le propriétaire prendra toutes les précautions jugées nécessaires pour empêcher que les exhalaisons incommodes ou insalubres ne s'échappent par les jours du sous-sol;

5° Les permissions de bâtir ne comportent pas l'autorisation de pratiquer des jours horizontaux sur le trottoir. Les constructeurs devront, s'ils veulent en établir, former une demande spéciale ou en faire l'objet d'un article spécial de leur demande en autorisation de construire.

Art. 70. — *Enseignes, écussons, tableaux, attributs, reliefs.*

1° Les enseignes de toute nature ne pourront être placées qu'au devant de la location du demandeur, sauf, toutefois, les exceptions qui résulteraient du consentement des tiers intéressés ;

2° Les demandes en autorisation d'établir ou repeindre une enseigne, devront contenir le texte même de l'inscription et faire connaître les dimensions de l'enseigne en longueur et hauteur, l'endroit où elle sera placée. Le pétitionnaire devra encore désigner si l'enseigne sera en bois, en métal ou en toile ; si elle sera simplement peinte sur mur, si les lettres seront en relief ;

3° Les enseignes de toute nature, établies au rez-de-chaussée, ne pourront jamais dépasser la saillie de 0^{m}20, dans les rues de 8 mètres de largeur et au-dessus, et 0^{m}16 dans celles de moins de 8 mètres de largeur, ni être établies à moins de 2 mètres de hauteur ;

4° Celles établies au-dessus du rez-de-chaussée devront être appliquées exactement contre le nu du mur, sans autre saillie que celle du panneau en menuiserie ou en métal ; saillie qui, dans aucun cas, ne pourra excéder 0^{m}10, toutes moulures comprises. Sont classées dans cette catégorie les enseignes placées au-dessus de la corniche de la devanture ;

5° Les enseignes autour des balcons ne pourront être composées que de lettres découpées, appliquées à jour ;

6° Les grandes enseignes, peintes sur toile ou sur calicot, ne seront tolérées qu'autant qu'elles seront fixées tout autour sur cadre en bois, appliqué contre le mur ;

7° Les petites enseignes sur toile, tapis, etc., placées à l'entrée des magasins, seront accrochées par les quatre coins ;

8° Le temps pendant lequel certaines enseignes pourront être maintenues sera limité par l'arrêté d'autorisation. Dans tous les cas, les permissions étant personnelles, les enseignes devront être enlevées aux frais du permissionnaire ou de ses ayant-droit, immédiatement après qu'il aura cessé d'exploiter son commerce ou son industrie.

Art. 71. — *Etalages.*

Les étalages de linge, soit d'habillement, d'étoffes et de toutes autres espèces de marchandises, en dehors des magasins, sur la voie publique, ne pourront dépasser les saillies des devantures de magasins, et seront fixés de manière à ne pas flotter en dehors de cette limite.

Les étalages en dehors des croisées des étages supérieurs sont également interdits.

Art. 72. — *Tentes ou bannes.*

1° Les tentes ne seront permises que sur l'autorisation municipale qui en déterminera la hauteur et la largeur.

2° Le rouleau sur lequel l'étoffe est repliée sera logé, autant que faire se pourra, dans l'entablement de la fermeture. Dans tous les cas, l'encaissement du rouleau ne pourra dépasser une saillie de 0ᵐ 25 sur le nu du mur de la façade, ni celle de la corniche en pierre ou celle de la corniche de la devanture ;

3° La tente déployée sera supportée par des tringles en fer qui, dans leur position horizontale, auront au moins 2ᵐ 50 d'élévation au-dessus du trottoir. Il est très-expressément interdit, sous peine de contravention, d'incliner les tringles de support, en descendant, au-dessous de la hauteur de 2ᵐ 50 fixée ci-dessus, leur point d'appui contre la devanture ; elles devront toujours être placées dans une position horizontale lorsque la tente sera déployée ;

4° Le mécanisme ne pourra faire sur le nu du mur une saillie supérieure à celle de la devanture ;

5° Sous aucun prétexte, elles ne pourront être fixées sur châssis, supportées par des perches ou retenues par des cordes fixées au sol ;

6° L'étoffe sera en toile ou coutil, maintenue constamment propre et sans déchirure ;

7° Il est expressément interdit d'adapter des lambrequins sur les côtés de la tente. Au-devant de la tente, on pourra adapter une garniture festonnée, dont la largeur ne dépassera pas 0ᵐ 30.

Art. 73. — Lanternes à gaz, Transparents.

1° La forme des lanternes particulières sera soumise à l'Administration ;

2° Elles seront supportées par des consoles horizontales fixées, savoir :

A 3ᵐ 50 au moins au-dessus du trottoir ;

Et à 4ᵐ 30 au moins dans les endroits où il n'existe pas de trottoir ;

3° Les candélabres sur colonne ne seront autorisés que dans des cas exceptionnels, après que l'Administration aura jugé que l'autorisation peut être accordée sans inconvénient pour la circulation et la décoration de la voie publique ;

4° L'éclairage des lanternes particulières devra commencer tous les jours aux mêmes heures que celui de la ville ;

5° Les transparents servant d'enseigne, les rampes et décorations éclairées au gaz seront appliquées contre les murs, à une hauteur minimum de 2ᵐ 50, et leur saillie ne dépassera pas 0ᵐ 20.

La disposition de l'art. 70 relative à l'enlèvement des enseignes, après la cessation du commerce de la personne qui a été autorisée à les établir, est également applicable aux transparents servant d'enseignes.

Art. 74. — Tables de café, chaises, tabourets.

1° Dans les rues de plus de 8 mètres de largeur, les cafetiers pourront obtenir l'autorisation de placer, suivant que les besoins de la circulation le permettront, un ou deux rangs de tables au devant de leur établissement, aux conditions suivantes:

2° Quelle que soit la disposition des tables, il devra toujours être laissé la moitié de la largeur du trottoir;

3° Le dessus des tables, rondes ou carrées, ne pourra dépasser 60 centimètres de longueur. Chaque table sera accompagnée, au maximum, de quatre chaises ou tabourets. Les bancs ne pourront être tolérés qu'appliqués au long de la façade, lorsqu'il n'y aura aucun inconvénient;

4° Les tables et leurs chaises ne pourront être mises dehors que de dix heures du matin à onze heures du soir, et ce, depuis le 1ᵉʳ avril jusqu'au 1ᵉʳ octobre;

5° L'Administration se réserve le droit d'interdire les tables les jours où, à raison d'une affluence extraordinaire, elles causeraient de sérieux embarras à la circulation.

Art. 75. — *Caisses à fleurs.*

1° Les caisses à fleurs sur le trottoir pourront être tolérées dans les endroits où l'Administration aura jugé que l'autorisation peut être accordée sans trop gêner la circulation, à la condition formelle que le trottoir aura toujours une largeur libre des 3/4 de sa largeur. Elles seront disposées conformément à ce qui sera prescrit par la permission;

2° Il est expressément interdit de recouvrir le dessus des caisses pour les transformer en tables;

3° En cas de contravention, la permission sera retirée.

CHAPITRE X

CONSTRUCTION ET ENTRETIEN DES TROTTOIRS

Art. 76. — *Etablissement à frais communs entre la Ville et les particuliers.*

Lorsque les particuliers en feront la demande, en y joignant l'engagement de supporter la moitié des dépenses de premier établissement, des trottoirs pourront être établis devant leurs immeubles, par les soins de la Municipalité.

Art. 77.

Suivant les points de la ville où les trottoirs seront projetés, l'Administration fixera, dans chaque cas, les dispositions à observer et les matériaux à employer soit pour la bordure, soit pour le revêtement du trottoir.

Art. 78.

L'établissement et le remaniement des gargouilles sont entièrement à la charge des riverains. Ils seront néanmoins exécutés par l'entrepreneur de la ville, si l'Administration le juge nécessaire aux travaux.

Art. 79.

Les battements en fer pour portes et larmiers de cave, les raccordements des tuyaux de descente avec les gargouilles, les rallonges et tous autres travaux accessoires sont également à la charge des propriétaires ; s'ils le jugent convenable, il les confieront à l'entrepreneur de la ville sur des prix débattus.

Art. 80.

Les travaux ne seront commencés qu'après que les propriétaires auront versé à la caisse de la ville la part de dépenses mise à leur charge.

Art. 81. — *Entretien des trottoirs établis à frais communs.*

La participation de la ville dans les travaux de trottoir entraîne pour elle l'obligation de les entretenir à ses frais ; en conséquence, les propriétaires restent, à cet égard, dégagés de toute nouvelle charge pour l'avenir.

Il n'y a d'exception que dans le cas où des trottoirs, primitivement exécutés en sable et gravier, seraient recouverts ultérieurement d'un dallage.

Les propriétaires devront alors supporter la moitié des frais de cette transformation.

Art. 82. — *Etablissement et entretien de trottoirs à la charge exclusive des propriétaires.*

Lorsque les propriétaires auront jugé convenable d'employer pour leurs trottoirs d'autres matériaux que ceux prescrits par l'Administration, ils ne pourront néanmoins les établir que sur une autorisation spéciale, leur fixant les conditions auxquelles ils devront satisfaire.

En ce cas, tous les frais de construction et d'entretien seront à leur charge ; et, sous peine d'être poursuivis pour avoir contrevenu aux règlements, ils devront se conformer rigoureusement aux avertissements qui leur seront donnés par les agents de la voirie, dans le but de conserver la voie publique en bon état.

CHAPITRE XI

DISPOSITIONS GÉNÉRALES

Art. 83.

Les moyens de repérer les alignements et de procéder aux opérations nécessaires à leur reconnaissance seront fournis par le propriétaire ou ses représentants, à l'exception des instruments de précision.

Art. 84. — *Vérifications, contraventions.*

Toutes construction, reconstruction, réparations quelconques, tout établissement d'objets en saillie sur la voie publique, qui seraient exécutés sans permission, comme aussi tous travaux exécutés en sus de ce qui aura été stipulé dans les permissions de voirie, seront dans le cas d'être enlevés et démolis, et les contrevenants seront poursuivis conformément aux lois, devant les tribunaux compétents.

Art. 85. — *Permissions périmées.*

Les autorisations délivrées en vertu du présent règlement ne seront valables que pendant un an, à partir du jour de leur date, et seront périmées de plein droit, si l'on n'en a pas fait usage avant l'expiration de ce délai.

Art. 86.

Une permission de petite voirie, accordée pour une propriété qui fait l'angle d'une route, ne préjuge rien sur les obligations qui peuvent être imposées par l'Autorité compétente, en ce qui concerne la façade sur la route ressortissant des attributions de la grande voirie.

Art. 87.

Les prescriptions contenues dans le présent règlement sont applicables à la grande voirie et aux chemins vicinaux de toutes classes, comme à la voirie urbaine, dans toute l'étendue du territoire de Trévoux, en tant qu'elles ne sont pas contraires aux règlements de la grande voirie.

CHAPITRE XII

MODE DE CONSTATION DES DÉLITS

Art. 88.

Les contraventions sont constatées par les maires ou adjoints, ingénieurs, conducteurs, piqueurs ou chef-cantonniers de la voirie municipale, les agents-voyers, les commissaires et agents de police, les gendarmes et gardes-champêtres, et, en général, par tous les agents dûment assermentés.

Art. 89. — *Publication et exécution du présent Règlement.*

Le présent arrêté sera déposé à la Mairie. Une affiche, apposée aux lieux accoutumés, en préviendra les intéressés et les invitera à prendre connaissance du présent règlement, qui aura pour tous force de loi.

Fait à la Mairie de Trévoux, le 1er avril 1875.

Le Maire, L. VALENTIN-SMITH.

Vu et approuvé :

Bourg, le 10 mars 1876.

Le Préfet de l'Ain, PAUL ESTERHAZY.